DE L'ANNEXION
DE
LA SAVOIE

PAR

ANSELME PETETIN
Ministre plénipotentiaire démissionnaire

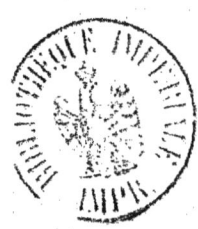

• DEUXIÈME ÉDITION

Augmentée d'un Appendice et d'une réponse à M. ALPHONSE KARR

PARIS
LIBRAIRIE NOUVELLE
BOULEVARD DES ITALIENS, 15

A. BOURDILLIAT ET Cⁱᵉ, ÉDITEURS
1859

AVERTISSEMENT

POUR LA DEUXIÈME ÉDITION

En relisant cet écrit pour une deuxième édition, j'éprouve un embarras dont j'espère qu'on me pardonnera l'aveu.

Publié à la hâte, au moment où l'on pouvait croire prochaine la solution des affaires d'Italie, accessoires et principales, il porte trop la preuve de cette précipitation, sous bien des aspects, et notamment par la brusquerie d'expressions qui ont pu blesser quelques personnes placées, de bonne foi, à un point de vue autre que le mien.

Je devrais donc, et pour moi-même d'abord, regretter cette vivacité passionnée. Je le devrais encore bien davantage s'il était vrai, comme on me l'assure, qu'elle a pu nuire à la cause que je voulais servir.

Et, d'un autre côté, ce qui s'est passé depuis lors, ce qui s'est dit, ce qui s'est tû, bien loin d'affaiblir les sentiments qui m'inspiraient, les ont, au contraire, redoublé et porté jusqu'à la plus amère tristesse. Comment donc les désavouer?

Comment faire semblant de ne pas voir ce qui frappe tous les yeux, et comment s'abstenir de caractériser des fautes qui doivent, dans l'avenir, produire des catastrophes?

Ne serait-ce pas, par une fausse habileté de modération, entrer moi-même dans ce système des tactiques hypocrites, que j'ai toujours condamné ; que je regarde comme la plus profonde des maladies politiques venues à la suite de la Révolution française, et celle qui en signale et en prouve le mieux le vice essentiel et primordial?

Dans la conduite, dans le langage, dans le silence des partis depuis que la fin de la guerre a livré les affaires d'Italie à la discussion publique, tout semble choses convenues et concertées, tout a un air de conspiration.

Mais pour qui et pour quoi conspirent-ils?

Ce n'est pas en faveur de la liberté de discussion ; — En Savoie, comme en Italie ; les partis ont approuvé la plus tyrannique compression des opinions.

lignes stratégiques de peu de valeur, comme l'expérience l'a démontré; mais elle n'est pas sensiblement affaiblie. Et serait-ce même un paradoxe que de dire qu'elle s'est plutôt fortifiée en se concentrant, en abandonnant des positions si peu sûres en elles-mêmes, si excentriques, si perpétuellement menacées, et enfin en se déchargeant du fardeau de cette lourde iniquité : l'oppression de l'Italie?

Assurément donc, le Piémont n'est pas et ne sera pas de sitôt l'égal militaire de l'Autriche, quelques proportions qu'on lui donne, et quand même on supposerait à l'Italie un demi-siècle d'éducation militaire.

Assurément aussi, les écrivains français, dont les frères et les fils viennent de verser leur sang pour l'indépendance italienne, ne peuvent pas supposer que la France soit l'ennemie naturelle de cette indépendance dans l'avenir.

Et, de la part du Piémont, après le don magnifique de la Lombardie, une pareille supposition serait une bêtise ingrate[1].

Ce n'est donc que comme appoint d'une coalition qu'on veut rendre le Piémont puissant.

Et qui le veut?

Et contre qui?

Je ne m'étais pas trompé, il y a quatre mois, en prédisant que l'Angleterre qui venait de combattre avec acharnement, de concert avec l'Autriche, le vœu des populations dans les Principautés, qui, plus récemment encore, ne s'était retenue qu'à grand peine de tirer l'épée *pour le maintien des traités*, contre la France et contre l'Italie, allait montrer un grand zèle, peu coûteux, pour l'indépendance italienne. C'était facile à prévoir.

Mais ce qui dépasse toute vraisemblance, c'est l'obstination des écrivains français à seconder cette manœuvre de l'Angleterre qui tend à faire sortir de la dernière guerre, de notre plus généreuse action, une organisation nouvelle des forces de l'Europe plus périlleuse qu'aucune qui se soit jamais réalisée contre nous!

Ah! grâce à eux, l'Angleterre peut bien (sur le papier de ses journaux) se montrer peu ambitieuse de positions lointaines. Elle pourrait bien abandonner Périm quand elle camperait, par mandataire, à Nice et à Chambéry.

Telle est donc la fin que se propose le zèle des partisans passionnés de l'agrandissement du Piémont! Aider l'Angleterre à se former un appui continental pour ses coalitions futures! Lui rendre à Turin ce qu'elle a perdu à Vienne, et au lieu de Trieste lointain, lui assurer Villefranche à deux pas de Toulon et de Marseille.

Et, pour y atteindre, il leur faut se hâter de pousser pêle-mêle, sous la domination sarde des populations italiennes, qui, selon toutes les vraisemblances, ne souhaitent rien de pareil; et qui, plus probablement encore, ne resteront pas longtemps paisibles sous cette dure souveraineté dont elles ne voulaient pas il y a dix ans et qu'elles ne voudront plus demain.

De tout ce que ces écrivains louent en Angleterre, une seule chose me paraît à envier : cet instinct unanime, électrique de la nation, du plus riche et du plus tory des lords, jusqu'au balayeur des rues de Londres, à comprendre, à vouloir ce qu'exigent l'intérêt, la grandeur, la gloire de la patrie.

---

[1] Cette bêtise, que je croyais impossible, a été dite, longuement, lourdement développée. — Elle ne vaut pas une réponse, assurément, mais elle doit être dictée comme une preuve de la reconnaissance qu'on nous garde, car le plaidoyer contre l'annexion de la Savoie, où elle s'étale, a été écrit sous l'inspiration du cabinet sarde, et on assure que l'auteur en a été récompensé par le gouvernement. (*Le Piémont et la Monarchie Constitutionnelle*, p. 43, 44, 45, et suiv.)

Le jour où la même passion magnétique possédera la France, fût-elle, comme je l'espère, moins haineuse et plus humaine, la France régnera sur le monde.

Mais que ce jour est loin de nous !

Tant que les partis conserveront cette violence des pensées sectaires et cette monomanie de la conspiration publique ou secrète, il n'en faut pas en espérer les splendeurs.

Il ne faut espérer ni liberté au dedans, car évidemment ce serait préparer des auxiliaires aux ennemis extérieurs ; ni grandeur tranquille au dehors, car la France, malgré la la force de son gouvernement, reste un objet de crainte universelle.

Et quelle force ne faudrait-il pas pour annuler l'effet de tous ces mouvements, toujours faits à contre-sens de l'instinct populaire et de l'intérêt national, et sous l'inspiration de l'étranger !

Voici, sur le signal de l'Angleterre, tous ces partis dits libéraux qui se mettent à refaire et à contrefaire, hélas ! Voltaire ! A voir leur passion contre des abus et des scandales qui n'existent plus, on dirait que Voltaire n'a rien fait et que ce sublime bon sens s'est inutilement infusé dans les veines de notre société si profondément laïque !

Certes, les hommes d'État anglais ne croient pas plus que vous et moi que la force virtuelle du catholicisme sera amoindrie parce qu'on ôtera Bologne au pape. Mais, d'une part, ils veulent donner Bologne au Piémont ; et d'autre part c'est un éternel moyen de popularité anglaise et protestante que de crier au fantôme du *papisme !*

Il faut donc que nos libéraux arrachent Bologne aux États de l'Église ; il faut qu'ils le donnent au Piémont ; et, de plus, il est de bon goût, ingénieux et neuf de crier au *papisme*.

Je ne m'inquiète pas de savoir si vous êtes croyants ou non ; je vous demande d'être des politiques clairvoyants ; de jeter un regard sur le monde, près et loin, sur les questions d'influence qui s'y posent, sur les solutions que va agiter le plus prochain avenir. Et je vous dis : le catholicisme est une grande force ; c'est une force française, si vous savez le vouloir. Et vous vous amusez à la détruire !

Il y a des coïncidences qui sont des révélations.

Récemment, les journaux crurent devoir réclamer contre le régime légal que leur impose le gouvernement impérial. Par qui pensez-vous qu'ils aient fait porter la parole, solennellement et dans un article de grand style?

Par l'académicien élégant qui, suivant l'énergique et juste expression d'Armand Carrel, vint baiser rhétoriquement la botte de l'empereur Alexandre, quand la patrie vaincue, gisait égorgée, violée, sanglante ! Quand toutes les mères et toutes les sœurs étaient en larmes ; quand ce qui restait d'hommes vivants dans le peuple rugissait de douleur, de colère et de honte !

Et vous croyez que les sympathies du peuple vous accompagneront ! Vous croyez sincèrement qu'une nation peut mettre de côté ses invincibles instincts, le sentiment même de sa conservation et de sa vie, pour suivre complaisamment vos spéculations de beaux esprits politiques !

Ah ! sentez avec le peuple, si vous voulez qu'il pense pour vous !

Anselme PETETIN.

27 novembre 1859.

DE L'ANNEXION
DE
LA SAVOIE

26 août 1859.

I

La dernière guerre d'Italie a produit ou peut produire un résultat plus important encore qu'une nouvelle distribution de territoires.

Elle a changé ou peut changer le principe fondamental du droit des gens.

Au principe mystique et brutal de la Sainte-Alliance, l'Europe se prépare à substituer le principe des nationalités et du vœu des populations.

Le Congrès de Paris avait fait un premier pas dans cette voie à l'occasion des Principautés danubiennes.

Mais, quoique assez nettement proclamé, le principe rencontra des difficultés dans l'application. La puiss ui les avait soulevées a vu, finalement, sa résistance écrasée sur un autre terrain.

L'Angleterre, il est vrai, appuyait l'Autriche dans cette opposition au principe nouveau.

Mais, son intérêt devenant autre, qui doute que l'Angleterre ne se consacre, avec une ferveur toujours sincère, à défendre en Italie ce même principe de droit naturel, d'équité, de bon sens, qu'elle avait combattu à Jassy et à Bucharest?

Si un nouveau Congrès se réunit, il posera donc certainement, avec netteté et fermeté, le principe destiné à remplacer la Sainte-Alliance.

Et c'est précisément parce que cette substitution entraîne dans la politique de toutes les puissances des modifications presque incalculables, qu'on hésite, à Londres comme à Vienne, comme ailleurs peut-être, à ouvrir ces solennelles discussions.

Il faut un principe pourtant, qui serve de règle aux délibérations du Congrès et de base à ses décisions, car on ne fonde pas la souveraineté, on n'inflige pas aux peuples l'obéissance, sans s'adresser à leur intelligence et à leur sentiment de la justice; et quel autre principe invoquerait-on aujourd'hui?

Quand les puissances qui redoutent cette immense nouveauté (et surtout celle qui, dans le partage inconsistant des journaux et de la tribune, s'efforce d'en proclamer le plus haut la légitimité), repousseraient le Congrès, sous des prétextes plus ou moins dérisoires, et refuseraient par là de consacrer le principe nouveau dans les diplômes, il n'en restera pas moins écrit dans les faits.

Solferino est pour lui un beau diplôme.

Sans doute, le traité sommaire de Villafranca ne l'énonce pas : il paraît même dire tout le contraire. Mais cette apparente contradiction est facile à expliquer.

Les déclarations solennelles du vainqueur avaient d'avance proclamé assez nettement le but de la guerre.

A Villafranca le vaincu dit : J'adhère.

Et il le dit dans la langue qui est la sienne, qui est encore, mais qui ne sera pas longtemps, celle de la diplomatie.

Le titre de M. de Cavour dans l'histoire, ce sera d'avoir secondé, par de prodigieux efforts, cette mémorable évolution du droit. Il aura, par là, fait plus qu'agrandir son pays : il aura rendu à bien d'autres peuples un service durable, assuré à l'Italie un autre avenir, préparé un régime de vie tolérable même pour les contrées qui resteront nominalement sous d'anciennes dominations.

II

La question est de savoir si les successeurs de M. de Cavour vont, par de misérables habiletés, par de grossières finesses, compromettre les grands titres, la gloire et la force que le Piémont s'est ainsi donnés;

Si, sur le terrain du droit public, la maison de Savoie va pratiquer de nouveau cette politique double qui fut trop longtemps sa tactique dans les contestations où l'engageait sa propriété compliquée des deux revers des Alpes [1].

Est-ce là ce que tente M. Ratazzi?

Il est mal inspiré. On ne fait plus, dans un siècle où tout se passe au grand jour, ce qui était praticable dans les mystères des cabinets et des boudoirs; et quoique, grâce aux niaises perversités de l'esprit de parti, on puisse encore abuser un certain temps l'opinion, usurper des succès d'un jour, ce sont des triomphes éphémères et dont le lendemain fait cruellement expier les courtes satisfactions.

III

Dès à présent, malgré les alliés inespérés qu'il a trouvés dans la presse française, à la suite et sous l'inspiration de la presse anglaise, M. Ratazzi a compromis le succès de toutes les ambitions du Piémont dans l'Italie centrale. Quand on voit, aux portes et sous les yeux de la France, et contre ses amis, les manœuvres pratiquées pour étouffer les vœux de la Savoie, on peut supposer toutes les hardiesses oppressives sur un théâtre bien moins éclairé. D'après ce qui s'est passé à Chambéry, d'avance l'opinion est résolue à ne regarder ce qu'on se prépare à donner pour le *vœu des populations* de l'Italie centrale, que comme le

---

[1] Voir l'*Appendice*, page 39.

produit d'une grande comédie où la pression de la force aura eu son rôle tout comme les machinations de l'intrigue.

IV

La Savoie est française de langage, de mœurs, de propension. Elle touche la France de toutes parts; elle est partout séparée du Piémont par ces obstacles qui sont des décrets éternels du Créateur sur la destinée des peuples.

La différence de langage est un autre obstacle plus infranchissable encore.

Cet idiome piémontais, qui n'est pas la douce langue d'Italie, qui n'a pas la franchise lucide du français, qui a l'air de faire de gauches et malheureux efforts pour se rapprocher de l'un et de l'autre, entretient une guerre incessante contre l'intelligence, contre l'oreille, contre le goût du peuple asservi. C'est une cause d'antipathie dont rien ne peut exprimer la violence ironique. Et cette nécessité seule d'afficher les actes de l'autorité en deux idiomes, l'un pour les fonctionnaires piémontais, l'autre pour les sujets savoisiens, prouve l'incompatibilité des deux races. Un commandement ainsi signifié est à peine compris! Comment pourrait-il être aimé? Et s'il est haï sur le papier, que sera-ce quand il est traduit dans les actes de la vie journalière par les brusqueries des agents étrangers!

Le Piémontais est un soldat brave, sobre, discipliné; nous venons de le voir tout à côté de nous dans de grandes épreuves. Mais ce soldat excellent est, dans la vie civile, rude, brusque, peu sympathique. Il est sombre et à la fois violent, vulgaire et sans dignité dans le commandement : c'est un Espagnol en prose.

Quel cruel contraste avec la nature douce, fine, gaie sans turbulence, obéissante sans bassesse du Savoyard! Chaque contact est un coup, chaque coup est une blessure. Il y a quarante-trois ans que la Savoie saigne silencieusement sous cette lourde et douloureuse domination.

Mais à cette domination étrangère, odieuse déjà en tant qu'étrangère, les événements ont ajouté bien d'autres éléments d'antipathie.

Dès le lendemain de 1815, la restauration de la maison de Savoie se signala par le règne de la tyrannie non-seulement la plus dure, mais encore la plus avilissante. Une tyrannie de police, et de police étrangère, soupçonneuse, tracassière, haineuse surtout contre l'esprit français, contre les livres français, les journaux français, la loi française [1]. Quiconque a vécu en Savoie de 1815 à 1848, a dû sentir, comme une sorte d'asphyxie, cette oppression pneumatique qui s'étendait jusqu'aux plus obscurs détails de la vie quotidienne, jusqu'à l'observance forcée des abstinences ordonnées par l'Église, jusqu'à la surveillance des fourneaux de cuisine.

La presse libérale s'est récriée contre le récent concordat autrichien; qu'est-ce, en comparaison de cette pratique sans règle et sans loi, ou n'ayant d'autre loi que l'arbitraire du carabinier royal, dictateur sommaire du village et du bourg!

Le clergé savoisien est exemplaire par les mœurs: il est pieux, il est éclairé, et précisément parce qu'il se sentait toutpuissant, il était, dans les personnes qui le composent, d'une aménité joviale et douce que le nôtre même, si violemment et si persévéramment attaqué, n'a plus depuis longtemps.

Mais, on le sait, là où son pouvoir n'est pas très-exactement limité par la loi civile, le clergé, se sentant absous par sa conscience religieuse, est porté aux excès de pouvoir.

V

On dit, pour excuser ce régime, ou le faire oublier :
Que le malheureux roi Charles-Albert n'était un tyran que

---

[1] On se hâta de dépouiller la Savoie de notre beau code. En 1839, il est vrai, on a essayé de le restituer; mais en y faisant des additions, suppressions, modifications qui, certes, ne l'embellissent ni pour le fond ni pour la forme. Et notamment la base même, l'égalité entre les enfants, en a été arrachée, et dans le sens le moins généreux, par la spoliation des filles de famille.

fictivement; qu'il n'agissait que sous la pression de l'Autriche; qu'au fond du cœur c'était un libéral éclairé, etc.

Je réponds que ce n'est pas Charles-Albert qui a inauguré en Savoie le régime oppressif; qu'il s'y était établi avant lui, dès 1815, par le seul fait de la restauration de sa dynastie;

Que cette dynastie ne pouvait avoir une autre politique, sentant bien que le cœur du peuple était à la France, à la loi de la France, à la gloire de la France, qui, avec son drapeau, emmenait toute cette légion de généraux et d'officiers qui venaient d'illustrer la Savoie dans les guerres impériales; — enfin, à cette large vie administrative, matérielle, commerciale qui résultait pour la Savoie de la seule communauté d'existence et de circulation avec la France, remplacée pour elle par un ilotisme de situation où elle n'avait plus qu'à voir exploiter sa pauvreté par des maîtres éloignés.

Et là aussi revenait une émigration; et, de plus qu'en France, cette émigration était étrangère, en majeure partie piémontaise, et c'est aux dépens de la Savoie qu'il fallait la faire vivre et l'*indemniser*.

A cette désaffection invincible qu'opposer, sinon la force? Ce cœur du peuple qui s'envolait vers la France, comment le retenir autrement que par une chaîne de force? A cette intelligence sympathique de l'esprit populaire avec l'esprit français, quelle barrière imposer, sinon une clôture hermétique où le livre était proscrit comme le journal, et la lettre privée espionnée presque autant que le pamphlet?

Il ne s'agit pas d'accuser la mémoire d'un roi infortuné; il s'agit des faits et de leurs conséquences inévitables. Quelle que fût la pensée intérieure de Charles-Albert, la vérité est que, jusqu'au moment où s'ouvrit pour lui l'horizon des ambitions italiennes, il maintint en Savoie un régime souvent dur et cruel, les événements de 1831, de 1834 le prouvent assez, et toujours injurieux et avilissant, qui a laissé dans le cœur des peuples une trace ineffaçable, et comme une cicatrice, toujours prête à se rouvrir et à saigner.

Quand, dans le sein d'une nation, le despotisme est d'un homme sur tous, avec le caractère de l'homme, avec son tempérament, avec son intérêt s'ils viennent à se modifier, avec sa vie si l'homme est immuable, le despotisme disparaît, s'efface, s'oublie.

Si même la tyrannie est d'une classe sur une autre, la loi civile peut effacer peu à peu les différences de fait, la loi politique les différences de droits; les classes peuvent se rapprocher, se mêler, se confondre; la tyrannie encore disparaît, s'efface, s'oublie; la concorde peut renaître.

C'est la grande œuvre, l'œuvre incomparable que la France accomplit aujourd'hui, et qui, pour la première fois, est le but, l'objet systématique du pouvoir suprême.

Mais quand l'oppresseur est un maître étranger, parlant une langue étrangère, n'espérez jamais ni réconciliation, ni oubli, ni concorde.

C'est la loi fondamentale, c'est la loi des Douze-Tables des races entre elles : *De race à race, la revendication est éternelle.*

C'est le sentiment invincible des opprimés, et c'est, malheureusement aussi, l'implacable passion des oppresseurs.

La preuve en est dans le révoltant spectacle auquel nous venons d'assister : une race déployant, pour l'oppression d'une autre race, plus de violence inique, capricieuse, déraisonnable que l'histoire n'en reprocha jamais aux plus mauvais princes.

L'Allemagne tout entière commettant dans son cœur, contre l'Italie, le crime des rois contre la Pologne.

VII

Certes! la patrie de Manin mérite d'être libre : le seul pays italien qui, en 1848, se soit montré courageux et sage, méritait, plus qu'un autre, l'affranchissement. Et si elle n'avait pas dû coûter si cher, trop cher, c'eût été une belle ligne ajoutée à une page d'histoire immortelle, qu'une correction généreuse au traité de Campo-Formio.

Mais, enfin, Venise a eu pendant des siècles des affections

autrichiennes; son commerce a encore des relations exclusivement autrichiennes. Venise, à la fin du siècle dernier, massacrait nos prisonniers et nos blessés par sympathie pour l'Autriche; Venise n'est pas, comme la Savoie, à côté d'un grand courant d'idées, d'intérêts, auquel l'attraction naturelle la pousse sans cesse à se mêler.

Et vous pleurez éloquemment sur le sort de Venise! et vous n'aurez pas un mot pour la Savoie!

Quant à moi, ma profonde estime pour l'armée et la vigoureuse nation piémontaises, et tous les sentiments que je partage avec l'Europe entière pour l'héroïque soldat et la noble famille qui sont à leur tête, ne m'empêcheront pas de dire un mot qui résume tout:

La domination autrichienne n'était pas haïe à Milan plus que ne l'est à Chambéry le régime piémontais [1].

VIII

L'histoire emploie un mot emphatique autant qu'inexact, quand elle parle de la *conquête de la Savoie* par Montesquiou, en 1792.

L'entrée de Montesquiou en Savoie ne fut pas une guerre, ne fut pas une invasion: ce fut une fête.

Au commencement de septembre, l'armée piémontaise occupait encore le pays. Mais elle sentait autour d'elle le bouillonnement des sympathies françaises; elle comprit qu'avoir contre elle à la fois les populations savoisiennes et les bataillons français, c'était trop [2].

---

[1] Du reste, cette désaffection est avouée. M. Costa de Beauregard termine par ces mots textuels la déclaration d'amour à la dynastie de Savoie, dont les journaux hostiles à l'annexion font tant de bruit (sans doute sans l'avoir lue jusqu'au bout): « DIEU *peut faire cesser les causes de la désaffection* GÉNÉRALE *qui semble triompher aujourd'hui de notre vieille fidélité.* »

[2] Il y a des siècles que la Savoie tend et s'attend à devenir française. Voyez, dans un vieux mauvais livre, que les bibliomanes seuls doivent connaître, (Béroalde de Verville: *Le moyen de parvenir*, XCIV), les plaisanteries prophétiques qui se faisaient là-dessus, deux cent cinquante-neuf ans en arrière.

Cette armée avait, à deux pas de la frontière, des positions excellentes, et qu'elle avait soigneusement fortifiées : les abîmes de Mians. Dans la nuit du 21 au 22 septembre, le général de Montesquiou y envoya trente-deux compagnies d'élite, qui trouvèrent les redoutes abandonnées. Les Piémontais ne tinrent pas même à Montmélian, et se retirèrent d'une traite jusqu'aux passages du mont Cenis.

Telle fut toujours, à chaque menace d'invasion, la seule tactique défensive du Piémont en Savoie : la retraite; en 1848 comme en 1792, comme en d'autres circonstances moins mémorables.

Est-ce débilité militaire? Non, certes; l'Europe sait ce que vaut le soldat piémontais.

C'est le sentiment profond de l'hostilité du pays qu'on avait à défendre. Et ce pays est de ceux où l'hostilité de l'habitant est une force, à tous les pas dangereuse et redoutable.

Montesquiou, invité par la municipalité de Chambéry, y alla, avec deux cents hommes, recevoir des ovations.

En quinze jours, son armée s'accrut de plus de douze cents volontaires. Et parmi ces enrôlés de l'enthousiasme, se trouvait cette foule d'hommes d'élite destinés à devenir des généraux et des officiers supérieurs remarqués même dans les armées impériales : le général comte Dessaix, le général Dupas, et tant d'autres qui ont dignement continué cette renommée militaire de la race Allobroge, laquelle remonte à César, et qui se trouve aujourd'hui attachée au glorieux drapeau de la brigade de Savoie [1].

Dès que l'armée de Montesquiou eut évacué la Savoie pour se porter sur Genève, la question de l'annexion fut mise en délibération, et proposée au suffrage universel dans chaque commune ou paroisse. Voici un relevé officiel et exact de ces votes.

Le 22 octobre 1792, l'assemblée générale des députés des

---

[1] La conquête de Nice, par le général Anselme, eut à peu près les mêmes caractères militaires et politiques. Le fort de Montalban, qui avait coûté si cher dans la campagne de 1744, et qui se trouvait garni d'une formidable artillerie et d'une bonne garnison, fut rendu sur sommation.

Le corps municipal de Nice se porta au quartier du général Anselme pour le supplier de venir occuper la ville abandonnée, afin d'y protéger l'ordre.

communes de Savoie, réunie à Chambéry, fit un recensement solennel, dont le résultat fut :

Province de Carouge, sur 64 communes, 42 ont voté pour l'annexion ; 21 ont donné des pouvoirs illimités à leurs députés ; une seule n'a pas fait connaître ses sentiments.

Province de Chablais, 68 communes : unanimité pour l'annexion.

Province de Savoie, sur 204 communes, 203 votent la réunion ; une seule se prononce pour l'indépendance.

Province de Faucigny, 79 communes ; unanimité pour la réunion.

Province de Genévois, 116 communes ; unanimité.

Province de Tarentaise, 62 communes ; 13 seulement ont voté pour la réunion à la France. (Elle était encore en partie occupée par l'armée piémontaise.)

Province de Maurienne, 65 communes ; unanimité pour la réunion.

Résumé : Sur 655 communes, 604 demandent l'annexion ; 51 la refusent ou n'expriment pas leur vœu.

Je sais qu'auprès de certains radicaux convertis ou pervertis, le suffrage universel jouit aujourd'hui de bien peu de crédit.

Quant à moi, qui reste obstinément fidèle à la tradition du droit personnel et de l'égalité représentative, je me bornerai à faire remarquer que, s'il est absurde de vouloir soumettre, suivant la théorie de M. Rittinghausen, la discussion des lois à la critique des assemblées primaires, la question de nationalité est celle de toutes, sans exception, qui exige le moins des conditions spéciales de capacité. C'est, par excellence, la question d'instinct, de libre mouvement, où les foules sentent plus juste que les notabilités, parce que si les notabilités peuvent être gagnées, les foules sont forcément entraînées par ce courant général des attractions qui constitue les nationalités. — Les foules ne sont-elles pas ce courant même ¹ ?

---

¹ Voilà pourquoi l'exclusion de *tout habitant ne sachant pas lire*, imaginée par M. Ratazzi dans le vote populaire des duchés, risque fort de passer pour une manœuvre qui annule dans son ensemble un vote que bien d'autres indices rendent suspect à quiconque n'a pas de parti pris piémontais.

J'étais alors commissaire général du gouvernement sur cette frontière. Je m'étais rendu à Belley, dernière étape de cette colonne sur le sol français.

Un bruit très-généralement répandu, c'était que la France et la Sardaigne, d'accord pour ne donner aucun ombrage à l'Europe, s'entendaient pour favoriser à Chambéry l'établissement d'un gouvernement provisoire qui offrirait volontairement la Savoie à la France, laquelle ainsi n'aurait pu être accusée de conquête.

Et ce qui paraissait confirmer ce bruit, c'est que la Savoie était, en effet, abandonnée. Ce n'étaient pas seulement, comme on l'a dit depuis lors, les troupes qui avaient « évacué pour aller renforcer l'armée du roi Charles-Albert, en marche sur Milan » : c'était un abandon absolu. Douanes, carabiniers, administrations, archives, caisses publiques, tout s'était mis en retraite sur Montmélian et le mont Cenis ; et le pont de Pierre-Châtel, je m'en assurai par moi-même, n'avait pas un seul douanier.

On suppose bien que je ne pouvais m'en tenir à cette preuve négative, si inexplicable que fût un pareil abandon. J'avais pris les instructions et les ordres des chefs du gouvernement, il y avait quelques jours à peine. Je n'étais peut-être pas très-avant dans leurs confidences ; mais si un plan pareil avait existé, la prudence seule eût exigé qu'on en dît quelque chose à un fonctionnaire investi de pouvoirs illimités, et dont l'ignorance sur une affaire de cette nature aurait pu entraîner des catastrophes, et, avant tout, l'anéantissement du projet lui-même.

Je demandai donc, et chaque jour, et par toutes les voies, des directions. Je les demandai en vain. Paris était alors ce que chacun sait ; le gouvernement vivait au milieu des orages, était lui-même un orage permanent. Et l'homme illustre auquel étaient confiées les affaires étrangères et que je devais importuner de mes dépêches, couvrait alors de son corps, de son cœur héroïque, Paris, la France, la civilisation tout entière. Lui restait-il une minute pour lire, une seconde pour écrire ?

Livré à moi-même, et convaincu que la France n'était pour rien dans cette tentative des réfugiés, je me refusai à toutes leurs instances pour obtenir l'apparence seule de l'appui de la France. Je les pressai de renoncer à une entreprise, à mes yeux sans but et sans résultat possible dans l'état général des choses ; je leur offris même les secours à ma disposition pour retourner en arrière : je n'obtins rien.

Mais je pris toutes les mesures pour empêcher que quoi que ce fût, dans leur expédition, pût être pris, en Savoie, pour une preuve de l'adhésion ou de la complicité de la France. Je retins les gardes nationales ; je consignai la garnison de Pierre-Châtel, car le grand mot des chefs était celui-ci : « Donnez-nous *quatre pantalons rouges* et la Savoie est à la France. »

La rumeur de l'accord avec le gouvernement français n'en précédait pas moins la colonne. Elle fut donc accueillie en Savoie avec enthousiasme. Elle fut fêtée ; des banquets où affluait la population la plus bienveillante lui étaient offerts en pleine campagne.

Elle arriva ainsi à Chambéry et y fut également bien reçue.

Mais là, le bruit de mes déclarations, à tous ceux qui, de Savoie ou de France, étaient venus m'interroger, circula bientôt. La France absente, il ne restait qu'une troupe de réfugiés révolutionnaires par laquelle la Savoie n'était nullement décidée à se laisser prendre et gouverner. En un instant, la foule, d'abord joyeuse et sympathique, se retira et fit le vide autour des envahisseurs. Bientôt ils furent poursuivis, repliés, de force et à coups de fusils, dans l'hôtel du gouvernement, et enfin presque tous prisonniers et menacés d'une fin sanglante [1].

Telle est la vérité sur cette affaire, qu'on a osé comparer à la tentative de *Risquons-Tout*. Et elle se résume facilement : la Savoie voulait bien se donner à la France ; elle refusait de se laisser conquérir par la Révolution.

XI

La presse libérale de Paris ne veut pas l'adjonction de la Savoie à la France.

[1] Ils purent être sauvés presque tous, grâce au zèle des bons citoyens de Savoie comme de France, et à la modération de M. des Ambrois, envoyé alors de Turin en qualité de commissaire extraordinaire.

indépendante, si abandonnée même, et essayez d'y faire signer des pétitions que désapprouve l'autorité!

XII

3° « C'est par dévouement à la civilisation politique que nous
» ne voulons pas arracher la Savoie aux délices, aux perfections
» du régime représentatif, pour la plonger dans notre escla-
» vage ! »

C'est, en effet, un pays riche en liberté que celui qui, en un instant, voit supprimer, *en attendant le jugement*, le *Courrier des Alpes*, l'*Armonia*, le *Cattolico*, l'*Indépendant !*

Allons plus au fond :

Vous ne niez pas qu'il y ait différence de nationalités, par conséquent discordance de nature, entre le Piémont et la Savoie ;

Iriez-vous jusqu'à nier les Alpes !

Si donc il y a dissidence, c'est-à-dire, dans la vie commune, opposition de tendances et d'intérêts, que signifie le représentatif savoisien? Que valent ces quelques voix en éternelle minorité dans un parlement piémontais ? Que vaudront-elles, surtout, noyées dans les majorités démesurées d'un parlement italien?

Il faut un terrible amour des fictions pour voir là une force, une garantie.

Mais, direz-vous, pourquoi prévoir ces antagonismes de majorités et de minorités?

Pourquoi? Voyez les faits :

Quel rôle économique joue la Savoie dans les affaires générales de la monarchie? Elle envoie dix millions d'impôts ; on en dépense trois chez elle : elle paye donc de sept millions par an l'honneur de figurer dans le parlement piémontais.

Mais ne savons-nous pas, par une assez décisive expérience, que cette sorte de représentatif aboutit infailliblement à *l'abus des influences*, c'est-à-dire à l'absorption de tout : emplois, faveurs, travaux publics, par quiconque dispose des majorités?

Est-il possible qu'il en soit autrement ?

Et pouvez-vous supposer que l'infime minorité savoisienne ne soit pas, en tout et toujours, comptée pour rien, ayant pour concurrentes les masses représentatives du Piémont et de la Lombardie ?

XIII

C'est afin de n'introduire point de discussion inutile que je vous laisse donner pour un instrument de civilisation politique l'espèce de représentatif dont vous félicitez le Piémont et dont la France a joui.

J'admire, sans pouvoir l'imiter, la promptitude d'esprit de ceux que j'ai vus si longtemps diffamer ce gouvernement, fond, forme et hommes, comme l'idéal de la perversité, et qui le pleurent aujourd'hui comme le chef-d'œuvre des combinaisons politiques.

Pour moi, je l'ai combattu dix-huit ans, comme une école universelle de corruption, comme le plus énergique moyen de fausser, par la manie de l'esprit de parti, les intelligences même de ceux dont la conscience ne se laisse pas gagner par l'intérêt ; comme le triomphe des basses médiocrités et de la bêtise intrigante. Vous ne me ferez pas souhaiter cette belle civilisation pour la Savoie !

Blâmez, car je la blâme avec vous, l'inutile répression de Pérouse ! Mais croyez-vous qu'elle me . . oublier les affreuses répressions de Lyon et celle de la rue . . asnonain ? Réclamez la liberté de la presse, soit ! Votre représentatif m'a appris à l'aimer par ses innombrables procès (parmi lesquels 13 pour ma part, séditieux comme j'étais et comme je suis). Mais vous ne nous ferez pas oublier l'état de siége et les écrivains illustres traînés, comme écrivains, devant les conseils de guerre ; ni les journaux systématiquement ruinés par autorité de justice; ni aucune des tyrannies que couvraient les hypocrisies de votre liberté représentative, comme les violences de M. Ratazzi se cachent sous son adoration du vœu populaire.

Et après tout, si la Savoie préfère notre *esclavage* à la liberté de M. Ratazzi, de quel droit étoufferez-vous sa volonté ? Quoi ! ce *vœu des populations* est sacré dans les duchés, et il peut être foulé aux pieds en Savoie ? Le droit spécial des duchés qui manque à la Savoie, serait-ce donc l'insurrection ?

Mais même cet argument ne peut être soutenu par vous, car, vous l'ignorez moins que personne, l'insurrection des duchés, c'est vous ; ce sont vos délégués, vos commissaires, vos dictateurs !

Savez-vous ce que ce régime, si peu vivant qu'il y soit, a déjà produit pour la Savoie ? — Il lui a donné la belle liberté qu'y pratique M. Ratazzi : étouffement brutal de la presse locale; suppression arbitraire de la presse étrangère ; espionnage infini des opinions, des mouvements, des relations privées, tout en y détruisant cette douce cordialité des mœurs anciennes; en y créant mille discordes violentes jusque dans le dernier hameau !

Non ! ce n'est pas là pour la Savoie, non plus que pour nous, un moyen de civilisation politique : c'est une machine à aiguiser toutes les haines, à allumer toutes les cupidités, à avilir les supériorités de l'esprit et du caractère dans les basses intrigues des coteries.

Cherchez autre chose.

En attendant que vous l'ayez trouvé, j'écoute ce que M. Cobden et M. Bright nous enseignent de la pureté du représentatif anglais, sur laquelle nous pensions n'avoir plus rien à apprendre, et je déclare qu'obéissance pour obéissance, j'aime mieux l'offrir volontairement à un grand homme, appuyé sur l'assentiment du peuple, que de me la voir imposer par mon épicier, lequel, sans doute, en aura trafiqué d'avance avec quelque agioteur.

XIV

Et dans le sujet même qui nous occupe, voyez à quel point vous a pervertis cette longue habitude des passions et des manœuvres de parti, vous, hommes d'intelligence et de probité ; vous, que toute pensée de vénalité ferait rougir !

Elle vous conduit à un véritable crime :

A repousser pour la France, c'est-à-dire à aliéner, une province sœur, qui est nôtre par toutes les lois de la nature, de la politique, de l'affection !

Pourquoi ? Pour une satisfaction de parti. Parce que vous ne voulez pas que cette belle palme soit cueillie et offerte à la patrie par des mains que vous n'aimez pas !

Et vous vous étonnez que, voyant cette triste démence de la haine, la France, et en elle tout ceux qui n'ont d'autre intérêt que le sien, d'autre parti que le sien, d'autre passion que sa grandeur, vous vous étonnez qu'ils ne risquent pas tout, le présent et l'avenir, pour vous rendre cette liberté dont vous useriez dans un sens si large et avec un si généreux patriotisme !

Ah ! je le dis sans peur de vos commentaires, moi qui n'ai d'autre principe de droit que la liberté, moi qui crois que par ce principe seul notre société déchirée peut être finalement pacifiée et guérie ; moi qui vous reproche surtout de l'avoir rendu pour longtemps irréalisable : ce n'est pas en vue de la paix sociale que vous demandez la liberté; c'est une arme pour recommencer la guerre.

Insensée la nation qui déchaînerait cet esprit maudit, son véritable tyran depuis soixante ans, quand elle le voit encore si plein de vitalité vipérine ! Insensé et absurde le peuple qui ayant, depuis soixante ans, demandé la liberté à ces partis, tour à tour vainqueurs et n'ayant pu l'obtenir d'aucun d'eux, les armerait tous, comme factions, de ce principe de liberté qu'ils n'ont jamais voulu, qu'ils ne voudront jamais pratiquer comme pouvoir ; auquel ils ne croient pas, tout en le professant bruyamment ; à ces partis qui, aujourd'hui même, à l'instant, réclament ici la liberté d'écrire, et sourient en la voyant écraser au delà de la frontière !

XV

Le *Journal des Débats* qui, lui, du moins, a toujours plaidé pour la liberté de la presse, blâme en termes mesurés, mais qui n'en sont pas moins expressifs, les procédés de M. Ratazzi.

Toutefois, comment ne remarque-t-il pas que ce blâme, très-sensé et très-ferme, anéantit tout ce qu'il se laisse écrire de Turin, d'une source qu'il n'est pas difficile de deviner?

Si les pétitions, signées ou non signées, sont si peu de chose, pourquoi cette violence contre les pétitions et contre le journal qui les proposait?

Si le dévouement à la souveraineté de Turin est si général et si profond en Savoie, pourquoi une contrainte imposée si ouvertement à cette population loyale?

Sérieusement : est-ce un argument aujourd'hui que ce dévouement prétendu à une dynastie?

Moi aussi j'honore le roi Victor-Emmanuel et j'estime les qualités militaires qu'il a déployées : est-ce à dire que je sois tenté de devenir sujet piémontais?

Vous me paraissez bien féodaux, pour de si fervents constitutionnels!

Quand le sort des sujets dépendait uniquement du bon ou du mauvais naturel des princes et des seigneurs, l'affection ou la haine, sans doute, devait s'attacher uniquement à leurs personnes et aux dynasties.

Mais aujourd'hui (faut-il être condamné à cette naïveté!), en fait de gouvernement, ce qu'on aime, c'est un bon gouvernement. Or, est-ce un bon gouvernement que celui que la Savoie a eu jusqu'ici à Turin? Et surtout celui qu'elle aura désormais?

La Savoie sait qu'elle ne peut être bien gouvernée par une administration qui n'a jamais passé pour habile, qui s'acquittait déjà très-mal de sa tâche ancienne, et qui va se trouver surchargée de soins nouveaux par cette immense complication de territoires et de populations depuis Cagliari jusqu'à Annecy, en passant par Milan, Gênes et Turin ; et, s'il était fait suivant ses désirs, par Livourne, Florence, Bologne, Parme et Modène. Elle sait qu'on va lui demander une part écrasante, et dans les frais de la guerre et dans les dépenses qu'exigera l'organisation de la puissante armée dont le Piémont aura certainement et bientôt besoin pour maintenir les sympathies de ses nouveaux sujets. Elle sait, enfin, que toutes les faveurs seront pour ces provinces récemment acquises et auxquelles on prodiguera tout pour économiser la force.

Ces raisons sont trop sérieuses pour ne pas balancer dans son esprit cette affection dévouée pour l'antique maison de Savoie, que je n'ai pas besoin de nier, mais que nie formellement M. Costa de Beauregard dans cette phrase finale de sa déclaration, que je veux répéter encore :

« *Dieu peut faire cesser les causes de la* DÉSAFFECTION GÉNÉRALE
» *qui semble triompher de notre vieille fidélité.* »

Oui, Dieu seul, et par un miracle.

XVI

Mais des souvenirs, des affections, l'attrait de ce peuple doux, loyal, intelligent et brave, la meilleure population qui reste en Europe, ne m'abusent-ils pas ?

L'intérêt de la Savoie est visible : mais celui de la France est-il aussi grand que je le crois voir ?

La Savoie, c'est d'abord pour nous trente mille hommes et trente millions de moins dans notre budget ordinaire de la guerre [1].

[1] Un docteur piémontais, auquel M. Ratazzi aurait dû faire apprendre à lire le français avant de le charger d'écrire pour sa cause, a prétendu que ces trente mille hommes et ces trente millions à dépenser DE MOINS par la France pour la défense de cette frontière, étaient trente millions et trente mille hommes que la France entendait demander DE PLUS aux contingents de la Savoie. — Et ce docteur argumente longuement et arrogamment en partant de cette bêtise.

C'est à ces façons de discuter qu'on reconnaît la valeur des causes, des convictions et des intelligences qui les défendent.

Regardez la carte : en un coup d'œil, elle vous démontrera l'économie stratégique de la défense sur cette frontière, aujourd'hui ouverte.

Qu'il acquière ou non tout ce qu'il ambitionne dans l'Italie centrale, le Piémont va devenir tout-puissant en Italie. Prédominant dans une confédération, si elle se forme ; de beaucoup plus fort que tout autre État s'il reste isolé, on lui livrera ou il usurpera partout une influence décisive, car lui seul a des éléments solidement militaires ; et, grâce aux impôts de la Lombardie, il peut avoir désormais une grande armée sans appauvrir le Piémont, en l'enrichissant au contraire, et en y affermissant encore plus le sentiment militaire.

Notre glorieuse alliance d'hier et d'aujourd'hui sera-t-elle éternelle ? Dans l'histoire, le Piémont a été plus souvent, beaucoup plus longtemps, l'allié de nos ennemis que le nôtre, et nous avons dû plusieurs fois, à une alliance de ce genre, des calamités nationales, et, notamment, notre dernier grand désastre sous Louis XIV[1].

Est-il prudent de croire, est-il raisonnable d'espérer qu'il en sera autrement dans un avenir indéfini ?

Les dispositions personnelles des souverains mises à part, est-ce parce qu'il sera devenu plus puissant, plus Italien, plus mêlé à des combinaisons nouvelles, que nous pouvons espérer d'avoir dans le Piémont un voisin plus ami ?

Si les Alpes sont un obstacle à l'unité de domination entre Turin, Milan et Chambéry, elles sont une formidable position de guerre. C'est une immense redoute à deux fronts. La maison de Savoie en a fait durant des siècles, le pivot de sa double ambition d'une part sur l'Italie, le Montferrat, la Lomeline, la Lombardie, enfin ; d'autre part, sur la Provence, le Dauphiné, la Bresse, le Bugey, Genève, le Léman[2].

Mais quand l'une de ces deux ambitions séculaires vient d'être si amplement satisfaite, et d'un seul coup, et par l'héroïque générosité de la France, est-ce trop que de demander à la

---

[1] Suivi de si grandes cruautés des habitants du Piémont envers les soldats vaincus de Louis XIV, que les paysans de nos frontières en ont gardé le souvenir et la rancune.

[2] Voir l'*Appendice* ci-après.

maison de Savoie de renoncer à ses menaces contre la France, et de désarmer celles de ses batteries qui sont pointées sur nous? Est-il déraisonnable de souhaiter que dans des coalitions futures, avec l'Autriche ou toute autre puissance, que le passé ne montre guère invraisemblables, on ne puisse pas jeter tout à coup une armée en plein Dauphiné; une autre armée, débarquant librement à Villefranche, à deux pas de Toulon et de Marseille, et sans obstacle, car le Var n'en est pas un et Napoléon Ier l'a dit et prouvé[1].

L'attitude de l'Angleterre dans l'affaire des duchés ne vous apprend-elle rien? Pendant que nos soldats mouraient à Magenta et à Solferino, le suprême effort du libéralisme anglais en faveur de l'Italie a été de se contenir dans une neutralité haineuse et fiévreuse contre nous et contre le Piémont. Aujourd'hui il va plus loin même que vous, libéraux français, pour l'agrandissement du Piémont. Il veut à tout prix lui donner Livourne, Florence, Parme, Modène, les Légations. Il ne sera content que lorsque nous aurons, de ce côté, un voisin d'une force militaire presque égale à celle de la Prusse, lui livrant à volonté, contre nous, un port bien autrement à portée que Trieste. Et vous ne comprenez pas? Et vous faites chorus avec lui, sans vous soucier d'établir un contre-poids par l'occupation de la Savoie, et une protection pour vos établissements maritimes de la Méditerranée!

Jamais, et l'histoire le prouve, même dans les combinaisons d'équilibre prévues en pleine paix, en plein calme diplomatique, jamais l'Europe n'a supposé que la Sardaigne pût devenir une véritable puissance italienne sans reconnaître que la France devait être, en même temps, garantie par la possession de la Savoie et du comté de Nice.

Dans le second traité éventuel de partage de la succession d'Espagne (25 mars 1700) entre Louis XIV, la Hollande et l'Angleterre, en attribuant le duché de Milan au Piémont, on réservait à la France la Savoie tout entière et le comté de Nice[2].

Ce n'était pas au Piémont, comme aujourd'hui, la Lombardie

---

[1] Montholon; *Récits de la captivité de Sainte-Hélène*.
[2] Voir le beau travail M. Saint Marc Girardin sur l'*Histoire diplomatique de l'Italie*. *Revue des Deux Mondes*, du 15 juillet 1859.

tout entière et quelque chose encore de surcroît; ce n'était pas pour la France, comme en 1814 et comme on l'insinue aujourd'hui, une partie de la Savoie; c'était pour nous tout le revers des Alpes et les vallées qui y débouchent. Et c'était l'Angleterre qui signait! Et l'Angleterre représentée par son grand Guillaume d'Orange !

La Savoie est si visiblement une découpure de notre carte militaire et politique, qu'en 1814, lorsque nous étions écrasés, que nous n'avions plus, je ne dis pas à dicter, mais presque à implorer des conditions, on nous donnait la Savoie par le traité de Paris!

Et, chose frappante, on nous la donnait, du moins en grande partie, contre les termes, au delà des termes généraux, sacramentels du traité de Paris!

Le terme général de ce traité, c'est la restitution de nos frontières telles qu'elles étaient *au 1er janvier 1792*. (Article 2.)

Or, à cette date, nous n'avions pas un pouce du sol de la Savoie, puisque l'entrée de Montesquiou est du 22 sep^{bre} obre. Ce qui n'empêche pas qu'à l'article 3 (paragraphe 7° et 8.) on nous attribue la plus grande partie de cette contrée.

L'Allemagne (on l'a dit, non sans vraisemblance), l'Angleterre elle-même s'attendaient que ce pays nous reviendrait, à la fois comme indemnité de la guerre d'Italie et comme sûreté d'avenir. Un homme qui, par sa position et son intelligence, jouit en Angleterre de la plus grande influence, disait à Paris, au début de la guerre : « Pourvu que tout se termine par la Lombardie au » Piémont, et la Savoie et Nice à la France, l'Angleterre ne » réclamera pas. »

Et on a vu, en effet, avec quel empressement étonné lord John Russell, en annonçant la paix de Villafranca, a appris au parlement que la France *ne se réservait pas même la Savoie*.

XVII

La surprise était naturelle.

Quand la dernière guerre s'est annoncée, la Prusse que personne ne songeait à menacer, que la guerre servait dans ses plus ardentes ambitions de prépondérance allemande, qui ne pouvait voir l'équilibre rompu qu'à son profit, arme, met sur pied, met en marche son armée, sa landwehr, les contingents de la Confédération tout entière. Sous quel prétexte?

Le maintien de l'équilibre.

Au même moment, l'Angleterre arme toutes ses forces *pour la défense des traités* (des traités de 1815, il faut que les Italiens ne l'oublient pas!) et *le maintien de l'équilibre !*

Le monde civilisé tout entier attend avec impatience l'ouverture du canal de Suez. Mais l'Angleterre s'oppose avec une obstination arrogante. Ce n'est plus l'équilibre des forces qui est en question : c'est l'équilibre des intérêts. Et cela suffit pour qu'elle prémédite, au milieu du trouble de la guerre, je ne sais quel coup de force comme l'histoire lui en reproche tant, et que la paix seule vient détourner de l'Égypte.

L'Espagne, après de séculaires faiblesses, veut enfin châtier les pillards marocains. L'Angleterre intervient, dicte les conditions de la répression, et, au nom de l'équilibre, interdit tout établissement qui menacerait l'exclusive tyrannie maritime de Gibraltar.

Et nous, quand un grand État se forme à nos portes, dans l'intérieur de nos défenses naturelles, nous n'aurions pas le droit de réclamer des sûretés contre un péril qui menace perpétuellement et à la fois les vallées du Dauphiné, les plaines de la Provence, et nos grands ports de guerre et de commerce, Toulon et Marseille!

Politiquement, si la Savoie et les passages des Alpes restent à nos ennemis éventuels de l'avenir, que sommes-nous allés faire en Italie?

A un État faible, le Piémont, à un autre État, l'Autriche, puissant ailleurs, mais faible sur ce point parce que nous pouvions sans cesse le troubler dans sa possession, nous aurions substitué un État considérable, vigoureusement armé, maître direct ou indirect de l'Italie entière, ennemi possible dans l'avenir, déjà et certainement malveillant aujourd'hui puisqu'il cherche à garder contre nous des positions formidables de guerre, et, qu'au

3

lendemain de Villafranca, il ose contre nos amis en Savoie ce que M. Rattazzi a accompli.

Ainsi, non-seulement nous aurions, suivant notre habitude, prodigué le sang et les trésors de la France sans retirer pour elle aucun profit matériel; mais encore nous aurions empiré nos conditions de voisinage et cela dans une proportion réellement dangereuse !

Assurément, je ne veux pas nier l'influence morale de cette belle guerre désintéressée pour le droit et la liberté des peuples. Mais cherchons-en les effets sur nous-mêmes, dans l'énergie intérieure, dans la virilité de conscience qu'elle nous donne. Car, quant aux peuples étrangers, écoutez les Allemands, écoutez les Anglais, comprenez même déjà les Italiens! Comment nous sauraient-ils gré de cet héroïque dévouement? Ils ne le comprennent pas, et par conséquent ils n'y croient pas.

Ils ont compris la valeur de notre jeune armée et de son général ; la vigueur et l'ensemble de notre administration militaire. Ils ont compris la force, en un mot, et rien de plus.

Conservons donc la force du droit, mais ne dédaignons pas les autres.

XVIII

Lord Palmerston a répété deux fois à la tribune que l'intérêt réel de l'Autriche eût été depuis longtemps d'abandonner l'Italie.

On peut appliquer ici ce mot, profondément vrai :

L'intérêt de l'Europe, si elle veut la paix durable, si elle la cherche dans l'harmonie des grands intérêts de la civilisation, c'est de nous donner la Savoie.

Là se trouverait l'occasion d'arranger cette maladroite combinaison de la neutralité du Chablais et du Faucigny qui, tôt ou tard, fera naître quelque difficulté plus grosse que n'est la question en elle-même.

Par là se trouverait assurée la création de cette grande voie ferrée du mont Cenis, nécessaire à l'Europe entière, et que le

Piémont, absorbé désormais dans les soins et les frais de son organisation militaire de l'Italie, ne pourra pas de sitôt poursuivre sérieusement. Il y a déjà dépensé des millions et il a percé à peine quelques centaines de mètres de ce massif énorme! Pour la France, cette grande œuvre serait un jeu.

Mais ce sont là les petites raisons; la grande, il n'est pas un Français qui ne la sente au fond du cœur, clairement ou obscurément, mais avec la violence d'un instinct.

XIX

Tout le monde a violé et viole encore les traités de 1815; l'Autriche à Cracovie, la Russie à Varsovie, les Anglais dans les îles Ioniennes, à Aden, à Périm; et chacun l'a fait et le fait à son profit.

La France aussi les a violés, mais sans jamais en tirer aucun avantage politique, ou territorial, ou commercial, ou stratégique.

Elle les a violés à Anvers, à Ancône, à Rome, à Villafranca; mais elle a agi pour la conférence de Londres, pour la papauté, pour l'indépendance de la Turquie, pour la liberté de l'Italie.

Pour elle-même, jamais. Il semble que ces traités n'existent plus que contre nous.

Et il semble la vérité. — Écoutez ce qui se dit au parlement anglais et ce qui s'écrit ailleurs.

Oui, c'est la vérité; et cette vérité est un poignard dans le cœur de la France.

Si ces traités furent l'humiliation de la France; si depuis lors il s'est constitué une sorte de ligue tacite entre les puissances pour perpétuer cet affront, et ne jamais permettre qu'en arrachant le couteau la France fit couler de son âme sa rancune, ne vous étonnez pas qu'à tout incident votre conscience vous crie que cette rancune subsiste; qu'elle s'aigrit par le temps; qu'elle devient redoutable par les forces que le temps nous apporte.

N'en doutez pas: dans les fureurs héroïques de Palestro, de Magenta, de Solferino, il y avait, à l'insu même de cette jeune armée, un élan instinctif qui venait de là.

Il y avait le sentiment d'une revanche.

L'adjonction de la Savoie serait une satisfaction donnée à la France contre les traités de 1815; satisfaction modeste quoique suffisante; glorieuse quoique paisible; bonne à la Savoie, qui veut être française, quoi qu'en disent et quoi qu'en taisent les sophistes de parti; bonne à la France, bonne surtout à la Sardaigne, qui aura assez à faire en Italie pour ne pas compliquer son action par cette domination plus que jamais difficile, inquiète et périlleuse.

L'Europe aurait-elle à se récrier? Ce serait une restauration des traités qu'elle-même nous imposait en 1814!

Quoi! après Sébastopol, Magenta et Solferino, il serait exorbitant de réclamer l'état qui nous était infligé après nos grands désastres de Moscou, de Leipzig, de Paris, et le tragique dénoûment de Fontainebleau!

APPENDICE

Les agents de plume du ministère piémontais et les écrivains français qui se sont faits leurs auxiliaires, ont cherché à représenter le mouvement actuel de la Savoie vers la France comme le résultat d'une *intrigue de sacristie*. A les entendre, cette propension populaire n'existe pas. Il n'y a en Savoie qu'une agitation factice, née des rancunes qu'inspirent au clergé des injures récemment reçues du gouvernement de Turin.

En vain, on montre combien cette propension est naturelle par l'unité de langue et de race, par la similitude des mœurs et l'identité des intérêts; en vain on rappelle le vote populaire de 1792, et le demi-siècle d'oppression qui a dû laisser de si profondes haines contre la race étrangère.

Rien de tout cela n'équivaut, aux yeux des écrivains de parti, à cette belle découverte des *manœuvres cléricales.*

Moi-même, je me suis vu adresser (entre autres accusations ou insinuations que je couvre, ainsi que leurs auteurs, de mon entière indifférence) le reproche d'avoir cherché dans cette question la satisfaction d'un caprice de bruit.

Ce reproche est de la nature de ceux auxquels, en général, il est difficile de répondre.

Mais cette fois, j'avais une réponse décisive : c'est un écrit, qui date de vingt et un ans, oublié de moi-même et auquel une amitié attentive a songé pour moi.

J'en reproduis, ci-après, les principaux passages.

Ils montreront si, dès lors, cette affaire, la réunion de la Savoie à la France, n'avait pas à mes yeux l'importance capitale que j'y vois encore aujourd'hui ; si mes motifs d'aujourd'hui pour la souhaiter n'étaient pas alors tout entiers dans ma conviction, ainsi qu'il doit arriver lorsqu'une pensée prend une place principale dans la vie ; si, enfin, la clairvoyance, unique récompense de l'impartialité, ne m'avait pas fait préjuger l'ensemble des événements qui amènent sur la scène des congrès la *politique des nationalités*, pour remplacer la *politique d'équilibre ou de principe* qui s'est nommée la Sainte-Alliance.

Je me permets d'appeler l'attention de mes contradicteurs de bonne foi sur cette unité de vues à plus de vingt ans de distance. Je suis bien sûr d'avance que les autres ne voudront pas la remarquer.

Littérairement, elle a l'inconvénient de créer des répétitions entre les deux parties de cette publication. Mais je n'ai, ni ici ni ailleurs, de prétentions littéraires. Et si j'en avais, je les sacrifierais aisément à la clarté de la démonstration politique qui résulte de ces répétitions mêmes.

SAVOIE

(Extrait de l'article SAVOIE, de l'ENCYCLOPÉDIE NOUVELLE, livraison 30, écrit en 1838.)

Ce petit pays, à cheval sur les Alpes, entre la France et l'Italie, a dû jouer un grand rôle aussi longtemps qu'a duré la politique d'équilibre : il tenait la clef des champs de bataille.

C'est en les livrant tantôt à la France, tantôt à l'Allemagne, toutes deux acharnées sur l'Italie, que la Savoie s'est patiemment agrandie ; c'est du prix de ses complaisances, jamais de ses conquêtes (guerrières du moins, car elle fit beaucoup de conquêtes matrimoniales), que la maison qui la possède a formé peu à peu un domaine qui aujourd'hui, et par sa position et par sa force militaire, doit être compté dans les débats européens, jusqu'à ce que la politique de nationalités ait remplacé la politique d'équilibre.

S'il est des dynasties qui aient eu à délibérer, durant des siècles, sur un système constant d'alliances, la maison de Savoie n'a jamais eu à trancher de pareilles difficultés. Sa politique était toute faite par sa position géographique : elle se réduisait à n'avoir aucun système et à se jeter toujours du côté du plus fort ou de celui qui paraissait devoir l'être. Triste et déshonorante condition des petits États dans la politique d'équilibre! Les grands corps, et la France l'a prouvé cent fois [1], pourraient rencontrer sur la même ligne leur honneur et leur intérêt; il pourrait être pour eux, en même temps, profitable et glorieux de se porter au secours des faibles contre les forts. Cette conduite généreuse et habile était interdite aux États secondaires.

La Savoie fut donc obligée de se résigner à cette étude des forces en lutte, et elle eut le bonheur, presque constant, de ne pas se tromper sur le parti qu'elle devait appuyer. Deux fois seulement, sous Charles III et sous Victor-Amédée, elle calcula mal, et deux fois son erreur lui eût coûté la vie, sans l'heureux hasard qui plaça Emmanuel-Philibert à la tête de l'armée de Philippe II quand elle gagna la bataille de Saint-Quentin, et le génie du prince Eugène en opposition avec l'ineptie de Marsin sous les murs de Turin.

La maison de Savoie, sortie des obscurs comtes de Maurienne, aurait continué sa lutte ignorée contre les évêques de Saint-Jean, ses voisins, et, vaincue ou victorieuse, serait restée, comme tant d'autres familles féodales, confondue dans les destinées communes aux centaines de vassaux immédiats que comptait alors l'Empire, si l'alliance d'Oddon ou d'Othon avec l'héritière de Suze ne fût venue donner un caractère, une destinée à sa puissance embryonnaire.

Ce mariage assurait aux comtes de Maurienne les deux revers du point supérieur des Alpes, sur la seule route qui fût alors connue et pratiquée par les armées. Tout l'avenir de cette maison se trouvait dans cet accident. Dès lors elle fut puissance cisalpine et puissance transalpine; elle était italienne d'un côté, savoyarde ou française de l'autre. Elle ne perdit plus ce double caractère, qui a constitué son existence politique, et qui la rendait redoutable pour la Suisse, l'Italie, l'Allemagne et la France, qu'elle touchait, dont elle arrêtait tour à tour les mouvements, toujours soutenue qu'elle était par les unes contre les autres, et toujours en mesure de vendre son alliance aux unes, et quelquefois sa neutralité à toutes en même temps.

De toutes les maisons souveraines qui sortirent du chaos féodal vers le dixième et le onzième siècles, bien peu eurent des commencements plus humbles,

---

[1] La France de 1859 et de Solferino n'a pas démenti mes paroles de 1839.

et bien peu ont survécu à ces huit siècles pendant lesquels l'Europe, violemment secouée, fondit et réunit les fragments des nationalités diverses, et forma les grandes aggrégations qu'harmonisera, sans les dissoudre, la politique de l'avenir. Le domaine de la maison de Savoie a résisté, presque seul, à la force d'assimilation qui dominait tous ces mouvements partiels ou généraux; il est resté brisé, ou composé de matériaux juxtaposés, mais sans adhérence, et que la première agitation européenne dispersera vraisemblablement.

Ces matériaux, en effet, ne furent rapprochés par aucun principe national qu'on puisse apercevoir. Ils ont été le fruit d'une politique de famille qui ne se proposa jamais que de gagner des positions militaires ou des revenus territoriaux.

Après la conquête matrimoniale du marquisat de Suze, qui leur donnait ce titre impérial de *marquis d'Italie*, prétexte de mille prétentions et de mille violences féodales, les comtes de Maurienne acquirent successivement la Tarentaise sur les seigneurs de Briançon; puis Chambéry, du vicomte de cette ville; puis le Faucigny, par mariage; puis la baronnie de Vaud, par un arrangement féodal avec l'évêque de Lausanne; puis encore la plus grande partie de la Bresse, par le mariage d'Amédée V avec l'héritière de Baugé, et le reste à prix d'argent. . .
. . . .

La bataille de Crécy avait mis la France en un état tel que la Savoie ne pouvait manquer d'en profiter pour arrondir ses frontières de ce côté. Contre quelques terres entre le Guiers, l'Isère et le Rhône, elle se fit céder par la France, héritière présomptive alors du Dauphin de Viennois, le Bugey, Gex, et un dernier lambeau de la Bresse. En 1388, le comté de Nice, tiraillé entre deux prétendants, vint, en se donnant à Amé-le-Rouge, les arrondir d'un autre côté; la petite vallée de Barcelonnette, en se livrant au même prince, lui ouvrait une porte sur le haut Dauphiné.

Ainsi, du côté de la France et de la Suisse, la maison de Savoie avait, en deux siècles, constitué sa puissance. Le versant méridional était loin d'être aussi complet et aussi compacte : il renfermait des enclaves relevant de l'Empire, comme les marquisats de Saluces et de Montferrat, redoutables à plusieurs égards : d'abord, à cause de leur égalité de rang féodal, qui leur donnait l'appui immédiat et continuel des Empereurs, très-disposés à intervenir dans toutes les affaires qui s'agitaient sur ce seuil des portes de l'Italie; puis, à cause de leur position fermée, grave avantage dans la guerre du temps. Aussi, les premiers démêlés pour le marquisat de Saluces, qui s'était placé sous la suzeraineté du roi de France, remontent-ils à la fin du quatorzième siècle et ne se terminent-ils définitivement qu'à la paix d'Aix-la-Chapelle. La propriété du Montferrat, après bien des contestations de droit héréditaire et féodal, fut la cause première de deux guerres qui mirent pendant onze ans l'Europe en combustion. Enfin, l'île de Sardaigne clôt cette série d'agrandissements : elle fut donnée en échange de la Sicile, que le duc de Savoie avait obtenue à la conclusion du traité d'Utrecht, et qu'il ne garda que quatre ans.

Dans tout cela, on le voit, il n'y a pas un seul événement qui ait une direction nationale, rien qui indique un mouvement général et populaire. Il est remarquable que la Savoie souffrit sans aucune répugnance, ou plutôt accepta avec une évidente sympathie les diverses invasions françaises : celle de François Ier, comme celle de Louis XIV, comme plus tard celle de la République française. François Ier établit à Chambéry une chambre de parlement et des corps réguliers d'administration qui fonctionnèrent sans aucun obstacle. Le Piémont seul montra, à cause de sa nature italienne, une antipathie violente, et se porta à des vengeances cruelles contre les débris des armées vaincues de Louis XIV. . . . .

Cette politique prudente et double, qui éloigne le danger au risque de le grandir, était encore celle de la maison de Savoie, quand la France de 89 arbora le drapeau qui devait abattre toutes les bannières de la féodalité. Les historiens de la cour de Turin ont affirmé que la Savoie n'avait point adhéré aux traités de Pilnitz ; mais, d'un autre côté, elle n'osait repousser les princes français et autres émigrés qui, de chez elle, menaçaient la France. Les événements, cette fois, étaient plus forts que son adresse. Après quatre ans d'une guerre, que le général de Vins dirigea avec une inconcevable lenteur contre le peu de troupes que la grande guerre du Rhin et la guerre des Pyrénées laissaient à la disposition de la France, Bonaparte abattit cette monarchie en quelques marches, en quelques jours de rapides combats qui rendront immortels les noms de Montenotte, de Millesimo, de Dego, de Cosseria, de Mondovi. L'armistice de Cherasco termina cette miraculeuse guerre de vingt-cinq jours.

Dès l'ouverture des hostilités, en 1792, le général Anselme s'était emparé de Nice, et le général Montesquiou de la Savoie jusqu'aux portes de Genève, barrant l'embouchure de toutes les vallées qui s'ouvrent sur ce bassin. C'est alors que se montrèrent dans toute leur ardeur ces sympathies françaises qui n'avaient pas péri depuis François Ier, et qui s'étaient accrues de toute l'influence de l'esprit philosophique du dix-huitième siècle. La révolution était faite en Savoie quand l'armée française y entra ; elle était faite dans les idées, dans les mœurs, dans les intérêts, et la féodalité n'essaya pas même de s'y défendre.

La révolution se mettait partout sous les armes, et la Savoie envoya aussitôt son contingent. On vit, dans beaucoup de villages, la population virile tout entière descendre des montagnes pour demander des fusils et se faire enrégimenter. Ce mouvement de paysans simples, religieux dont les mœurs avaient conservé une pureté presque unique en Europe, ce mouvement fut sublime, et serait une admirable défense de la légitimité révolutionnaire, si elle avait encore besoin d'être défendue.

Depuis lors, la Savoie est réellement restée française. Toute la partie forte de sa population a suivi les destinées des armées républicaines et impériales, peuplées, dans les rangs supérieurs, de généraux et d'officiers savoyards, qu'elles comptaient parmi les plus purs et les plus braves. Plusieurs de ces nobles soldats mériteraient un Plutarque, et je ne puis me défendre de placer ici au moins le nom le plus illustre d'entre eux, d'un héros de probité, de courage, de loyauté, du général Dessaix.

Notre système d'administration, nos codes ne purent non plus régir ce pays

RÉPONSE A M. ALPHONSE KARR

(GUÊPES de septembre 1859.)

Au moment de mettre sous presse cette deuxième édition, je n'ai pas encore reçu de M. Alphonse Karr l'autorisation de reproduire ici l'article des *Guêpes* auquel ma lettre répond.

Mais on en comprendra bien le sens par ma réponse même, et M. A. Karr qui, dans le numéro suivant des *Guêpes*, est revenu sur ce sujet, n'a pas réclamé contre l'exactitude de mon analyse.

Paris, 23 octobre 1859.

Monsieur,

Vous m'accusez de *plaider* : je suis forcé de vous renvoyer cette incrimination grave.

J'ai parlé du règne du carabinier royal, de 1815 à 1848, pour expliquer les implacables antipathies que le régime piémontais a semées en Savoie et qui y fleurissent à présent. Vous déplacez les textes et les dates, et par là vous changez le sens. — C'est ce que j'appelle plaider.

Je réclame uniquement pour l'exactitude. Car je ne regarde pas comme sérieux le régime constitutionnel établi, depuis lors, en Savoie. Et, je vous le demande à vous-même, ce qui s'est fait et se fait envers le *Courrier des Alpes*, le

Bon Sens, d'Annecy, l'*Avenir*, de Nice, sont-ce les *libertés* dont vous dites que jouit la Savoie? Ces procédés ne sont-ils pas pires, n'étant pas francs, que ce que vous blâmez ailleurs?

Vous *plaidez* encore, permettez-moi de vous le dire, quand vous imputez à l'état de guerre les rigueurs de ce régime. Qu'est-ce que la guerre a eu à faire en Savoie? Et, aujourd'hui surtout, est-ce là une raison ou un prétexte? — D'ailleurs, a-t-on agi autrement, il y a six ans, en pleine paix, envers M. Jules Viard, qui vous racontait l'autre jour, dans l'*Opinion nationale*, comment alors son journal, malgré les *libertés* et le *Statut*, fut supprimé; comment lui-même fut expulsé avec sa femme et ses enfants?

« Le parlement piémontais, dites-vous, a voté ces lois exceptionnelles. » — Mais fussent-elles nécessaires au Piémont, il est bien clair qu'elles devaient être à la fois odieuses et inutiles à la Savoie. Et, cependant, ne les voulant pas, qu'importait le vote négatif de sa vingtaine de voix contre les deux cents et tant de votes du Piémont?

Veuillez remarquer ici, monsieur, combien ces barrières, ces discordances, ces oppositions, créées par la nature des choses, sont moins vaines, dans le fait pratique, que vous n'avez l'air de le croire. — De ce que la Savoie n'est pas Italienne mais Française; de ce qu'elle est séparée par la langue, par les mœurs, par des obstacles matériels du pays qui prétend la régir, il s'ensuit que toute loi *commune*, fût-elle même excellente en soi, devient vaine, — au moins. Supposez le représentatif piémontais aussi parfait que possible, vous savez d'avance que la majorité piémontaise et italienne exploitera la minorité savoisienne; vous savez que la Savoie sera mal administrée, qu'elle se plaindra et qu'on ne l'écoutera pas. Cela est certain comme il est sûr que 22 n'égalent pas 200.

Et je vous défie de penser que, dans une chambre française quelconque, un député du Mont-Blanc, s'il parle avec bon sens et talent, n'aura pas autant d'influence sur le vote qu'un député de la Seine.

Parce que la famille qui règne en Piémont s'appelle la maison de *Savoie*, cela fera-t-il que les députés lombards et piémontais entendront le français? ou que les députés de Savoie sachent parler italien? Singulier *parlement*, où l'on parle sans se comprendre!

Les arguments de sentiment ont leur valeur; mais il ne faut ni l'exagérer ni la déplacer, car alors ils se tournent contre la thèse.

Le nom de maison de *Savoie* serait-il un titre de souveraineté éternelle, même après que cette famille aurait régné pendant des siècles à Pékin ou au Japon? ou bien si elle acceptait, dès à présent, ailleurs, des équivalents décuples? Ce serait pourtant toujours la maison de Savoie, comme elle l'était naguère lorsqu'elle régnait à Cagliari et que ces provinces se nommaient les départements du Mont-Blanc, du Léman, des Alpes-Maritimes.

Sur ce principe superlatif de légitimité, superlatif inconnu jusqu'ici, nous pourrions, un de ces jours, voir quelque descendant du Connétable venir chasser tous les propriétaires de la vallée de Montmorency.

Autre argument de sentiment : le roi de Sardaigne est brave sur le champ de bataille : soit. Il est brave comme un zouave, on ne peut rien dire de plus fort. — Allez-vous trouver là un titre de souveraineté pour chacun des soldats des trois régiments de zouaves? Mais *une souveraineté*, ce ne serait pas assez. Je vous avertis qu'elle doit être de ce côté des Alpes, car vous la donneriez double et triple au delà, à Modène, à Parme, à Plaisance, à Florence, etc., la justice ne serait pas satisfaite, au moins suivant votre raisonnement.

De ce que le roi est brave et de ce que sa maison s'appelle de *Savoie*, résulte-t-il que la Savoie n'ait pas été cruellement opprimée sous Charles-Albert et sous ses prédécesseurs? Que ces princes n'aient pas fait longtemps peser sur la Savoie l'influence autrichienne dans ce qu'elle avait de plus illibéral et de plus antifrançais? S'ensuit-il qu'il n'en soit pas résulté une aversion populaire, profonde, universelle? S'ensuit-il que la Savoie n'ait pas été déplorablement administrée?

Cela surtout rend-il vraisemblable une meilleure administration pour l'avenir, quand les intérêts italiens du Piémont, s'agrandissant démesurément, vont de plus en plus absorber l'attention des hommes d'État exceptionnels que sa bonne fortune lui a fait naître si à propos?

Vous niez, monsieur, que la Savoie soit pour le Piémont une province conquise. Ah! vous n'avez pas vu ce lendemain de 1815; vous n'en parleriez pas si légèrement! La Savoie, en 1815, a été doublement conquise : elle l'a été sur la France, sans doute, mais encore plus sur elle-même; car jamais peuple ne se donna avec plus d'enthousiasme et d'unanimité, comme le prouvent clairement les votes de 1792.

Vous niez qu'aujourd'hui la Savoie veuille se donner. Avouez pourtant que les précédents prêtent à cela une grande vraisemblance. Je crois connaître bien ce pays, et je suis convaincu que le vote de 1859 serait plus unanime encore que celui de 1792.

Qui dira lequel de nous deux se trompe?

Le scrutin.

Celui qui s'en défie et le repousse prononce contre lui-même.

« Mais de quel droit la Savoie réclamerait-elle cette épreuve? »

De quel droit l'avez-vous imposée par vos dictateurs à Florence, à Parme, à Modène, à Bologne?

L'insurrection?

Exigeriez-vous donc que la France envoyât des commissaires insurrectionnels à Chambéry? Et quel est l'homme de bon sens et l'honnête homme qui demandera qu'on use des balles de fusil là où on peut agir par des boules de scrutin?

« Mais les promesses de désintéressement de la France ne lui permettent pas de prendre la Savoie! »

De la prendre, non. Mais de l'accepter si elle veut être Française, pourquoi pas? Or, la Savoie montrerait clairement qu'elle ne veut pas rester Sarde, si on ne la comprimait pas sous la terreur. Terreur, j'en conviens, proportionnée à ce petit pays, mais qui suffit bien pour empêcher les libres manifestations populaires.

A quoi, enfin, la France s'est-elle engagée?

Publiquement à laisser l'Italie à elle-même, *à n'y pas substituer un maître à un autre.*

Confidentiellement, sans doute, à donner la Lombardie au Piémont.

C'était, certes, déjà beaucoup que de procurer au Piémont cet agrandissement sans s'assurer les passages des Alpes. Jamais, à aucune époque, et l'histoire diplomatique le prouve, jamais la France n'aurait consenti à un pareil accroissement de forces voisines, si souvent ennemies, sans prendre ses sûretés en Savoie et dans le comté de Nice.

Mais si le Piémont s'agrandit au delà de ce que la France a prévu et voulu; s'il le fait sous l'inspiration et la protection de nos plus constants ennemis; si, de concert avec eux, il ne recule pas, pour gagner une province de plus, à nous créer avec la papauté une difficulté dangereuse à tous les points de vue; s'il devient un élément important, fondamental des coalitions futures contre la France, comment serions-nous engagés pour des hypothèses non consenties et si périlleuses?

Parce que la France a fait une générosité héroïque, serait-elle donc obligée à commettre une monstrueuse sottise?

Quoi! l'Angleterre gronde, arme et envoie ses flottes, parce que, pour châtier les brigands marocains, l'Espagne peut avoir à s'établir en face de Gibraltar : Cela, dit-elle, rompt l'équilibre des forces! — Le canal de Suez aussi romprait l'équilibre des intérêts, et l'Angleterre signifie au monde civilisé qu'il ait à s'en passer!

Et l'équilibre ne sera pas rompu contre nous si les coalitions futures ont des facilités toutes préparées pour s'établir, du premier jour de la guerre, en Provence et en Dauphiné? si la coalition (anglaise, je suppose), s'appuyant sur le Piémont, puissance égale désormais à la Prusse, trouve un port tout prêt à Villefranche (et bien autrement utile que Trieste), pour les débarquements qui nous prendraient à revers, à deux pas de Toulon et de Marseille, quand nous serions absorbés peut-être sur le Rhin?

« L'Europe, dites-vous. se plaindra! »

— Oui, sans doute, si beaucoup de Français l'y encouragent comme vous le faites!

« C'est exposer à une dangereuse discussion le principe nouveau du vœu des nationalités. »

— Pourquoi cette discussion serait-elle plus dangereuse à propos de la Savoie que sur Parme, Modène, Bologne? Si ce principe doit échouer quelque part, j'aime mieux, je l'avoue, que ce soit pour Bologne que pour la Savoie. Et il y aurait plus de raison; car, après tout, le pape est un souverain italien, régnant sur des Italiens, et les Savoisiens sont une population française soumise à un gouvernement italien.

Vous laissez entendre que ce seraient les Italiens eux-mêmes qui réclameraient contre ce principe ! Nous aurions là un spectacle curieux !

Lisez donc le mémorandum sarde et les immenses déclarations des dictateurs sardes à Bologne, Parme, etc., etc.

Au lieu de tous ces noms de pays italiens, dont on veut démontrer l'annexion comme nécessaire et légitime, écrivez partout la *Savoie*. Vous verrez s'il est aucun des raisonnements empruntés à la topographie, aux mœurs, aux intérêts commerciaux qui ne plaide pas, avec une force centuple, pour l'adjonction de la Savoie à la France. Et ici, il y a de plus la différence de langue d'une race à l'autre et le décret de Dieu : les Alpes !

Quoi ! vous aussi, monsieur, vous daignez copier ces palimpsestes, vieux quarante ans, retrouvés dans les décombres de l'ancien *Constitutionnel*! Vous argumentez aussi de parti *clérical*, de journaux *cléricaux* !

Sérieusement, voulez-vous que les prêtres deviennent enfin citoyens ? Accordez-leur le droit commun des citoyens. Et surtout n'imitons pas le *Siècle*, qui paraît croire que le progrès des idées libérales exige absolument et préalablement la ruine totale du catholicisme. Laissons-le s'asseoir sur le bord du fleuve et attendre, pour le traverser, qu'il ait cessé de couler. Ne donnons pas volontairement à la cause du progrès tant d'ennemis dangereux; — et j'ajoute tant d'amis plus dangereux encore.

Et enfin, agissons, en tout, sur ce principe infaillible : que l'équité est la plus profonde des politiques, soit à l'égard des peuples, soit vis-à-vis des corporations et des castes.

Je suis, monsieur, votre très-humble et très obéissant serviteur.

ANSELME PETETIN.

Paris. — Imp. de la Librairie Nouvelle, A. Bourdilliat, 15, rue Breda.

www.ingramcontent.com/pod-product-compliance
Lightning Source LLC
Chambersburg PA
CBHW060937050426
42453CB00009B/1049